LA

VÉRITÉ AU ROI,

QUAND MÊME!.....

INPRIMERIE DE SÉTIER,
Cour des Fontaines, n° 7, à Paris.

LA
VÉRITÉ AU ROI,

QUAND MÊME !.....

A PARIS,

Chez PONTHIEU, Libraire, Palais-Royal, galerie
de Bois.

SEPTEMBRE.—**1824**.

LA
VÉRITÉ AU ROI,

QUAND MÊME !.....

·

———————

SIRE,

·

·

S'il est un jour où la vérité doive braver tout obstacle pour parvenir jusqu'au Souverain, c'est ce jour solennel où l'héritier d'un trône saisit les rênes de l'Etat et le

sceptre du pouvoir. La voix des bons citoyens, toujours étouffée, par les courtisans
et les ministres, doit alors couvrir celle
des flatteurs et percer respectueusement
jusqu'à l'oreille du Prince. Les destinées
d'un peuple dépendent souvent des premières impressions que le Monarque re-
çoit; ainsi, quelque danger qu'il puisse y
avoir à parler un langage inusité dans les
Cours, il ne saurait en exister d'assez
grands pour m'empêcher de dire à Votre
Majesté la vérité tout entière.

Sire,

Lorsqu'après vingt-cinq ans d'exil et de
malheurs, les Bourbons revinrent parmi
les Français, une génération les avait ou-
bliés, et plusieurs autres ne les connais-
saient pas. « On fut obligé de nous ap-

» prendre combien il existait encore de
» membres de cette auguste famille ; de
» nous dire quel était le Roi qui nous ar-
» rivait, quelles étaient ses vertus, ses
» droits au trône et à notre amour (1) ».

L'orage terrible qui vint fondre sur la France grondait encore au loin, lorsque vous parûtes, Sire, un lis dans une main, une branche d'olivier dans l'autre. Les Français, plus étourdis qu'accablés par leurs revers, jetèrent sur vous des regards où se peignaient à la fois l'intérêt et l'inquiétude : bientôt ils distinguèrent les traits d'un noble et loyal chevalier, l'inquiétude se dissipa, et l'on compta *un Français le plus.*

Le Nestor des Bourbons, Louis XVIII,

(1) Châteaubriand.

arriva à Saint-Ouen : il invoqua cette confiance mutuelle si nécessaire au repos et
au bonheur de la France, et donna de son
côté toutes les garanties que la nation pouvait sagement désirer. Il s'assit naturelle-
ment sur son trône, comme un père, après
une longue absence, revient prendre sa
place au foyer de sa famille; ce Prince ne
parut pas étonné de se trouver à la tête
d'un peuple nouveau.

Les Français purent enfin connaître leur
Roi : ils ne tardèrent pas à apprécier ses
vertus. Son instruction, son esprit, son
amour pour les sciences et pour les arts,
firent juger qu'il avait marché avec le siècle
et suivi les progrès des lumières dont la
France fut toujours le foyer.

La Charte constitutionnelle vint cimen-

er la confiance naissante des peuples en-
vers le Prince, et réunir dans un pacte de
famille des frères que les passions et l'in-
érêt avaient divisés.

Cette Charte, dont les principes ont été
puisés, par son auguste auteur, dans la
direction imprimée aux esprits depuis un
demi-siècle, dans les progrès toujours
croissans des lumières, dans le caractère
français, et dans les besoins réels de la
Société, n'en conserve pas moins tous les
droits et toutes les prérogatives de la cou-
ronne. Fatigué du despotisme impérial,
vous trouvâtes, Sire, le peuple français
disposé à accepter avec reconnaissance une
Charte toute monarchique.

Telle qu'elle fut conçue et rédigée, telle que

Louis XVIII nous l'a donnée, telle qu'elle a été confiée à la fidélité et au courage de l'armée, des gardes nationales et de tous les citoyens, cette Charte que Votre Majesté a juré sur l'honneur de maintenir ; avait réuni l'opinion des Français : elle aurait assuré leur bonheur. Toutes les factions eussent trouvé dans la Charte un point de fusion ; les passions se seraient calmées, et les haines, trop souvent fondées sur la seule divergence d'opinions, seraient venues s'éteindre devant le onzième article.

L'auguste auteur de ce pacte fondamental avait si bien senti que son entière et stricte observance pouvait seule préserver l'État de nouveaux troubles, qu'il crut devoir annoncer solennellement *qu'aucun des articles de la Charte ne serait revisé.*

La France rassurée, fut calme jusqu'au

noment où des ministres parjures osèrent
porter la main sur l'arche sainte.

La loi des élections et la liberté indivi-
luelle furent attaquées en même temps ; la
utte devint terrible, le peuple s'en mêla :
es Ministres ne l'emportèrent à la Chambre
les Députés, qu'en employant la corruption
u dedans et les baïonnettes au dehors.

Depuis ce jour, Sire, il n'est aucun des
hommes parvenus au ministère qui n'ait
oulu se signaler par quelque nouvelle at-
einte à la Charte. Le crime était devenu
plus facile à commettre ; l'opposition, re-
poussée par toutes sortes de manœuvres,
n'était plus aussi redoutable aux Ministres ;
a Chambre se peupla de créatures minis-
érielles ; la liberté de la conscience fut

comptée pour rien ; chacun trouva plus d'avantages à faire sa cour qu'à faire son devoir : dès lors tout fut perdu.

C'est ainsi, Sire,

Que l'égalité des Français et leur égale admission aux emplois sont devenues illusoires, puisqu'il faut penser comme les Ministres pour être employé, ou se résigner à être traité comme des ilotes ;

Que le droit de publier et de faire imprimer nos opinions est détruit par l'établissement de la censure et par cent autres moyens illégaux ;

Que l'inviolabilité des propriétés qu'on appelle *nationales*, a été attaquée mille fois, sans qu'on ait puni cet attentat ;

Que les recherches des opinions et des

tes émis avant la restauration , interdites
ar la Charte , sont devenues l'objet de la
onstante sollicitude des ministres , des
réfets , des sous-préfets , des maires , et
e presque tous les fonctionnaires publics;

Que le nombre des Députés , déterminé
ar la Charte , a été augmenté pour former
ne majorité aux Ministres ;

Que le Député dont les fonctions ne de-
aient durer que cinq ans , est aujourd'hui
ommé pour sept ans , afin de rendre cette
aajorité plus stable ;

Que le renouvellement de la Chambre
ui devait avoir lieu chaque année , et par
inquième , ne pourra plus s'effectuer
u'intégralement, et au bout de sept ans;

Que la liberté des élections se trouve

détruite par l'effet des promesses ou des
menaces que les Ministres prodiguent aux
électeurs, et par l'influence condamnable
que les fonctionnaires publics exercent
dans les colléges;

Que le droit de pétition n'existe plus,
puisque toute réclamation signée collecti-
vement est rejetée par la Chambre des
Députés;

Que la responsabilité des Ministres, qui
devait être spécifiée par une loi, ne l'est
pas encore; d'où il suit que les Ministres
sont assurés de l'impunité;

Que, pour couronner leur ouvrage,
les Ministres ont fait légaliser et sanction-
ner par des lois, le despotisme ministériel
sous lequel la France gémit;

Qu'il a été porté de graves atteintes à l'inamovibilité des juges, puisqu'un Ministre peut se servir de vingt prétextes pour mettre à la retraite le magistrat intègre qui n'aurait pour guide que les lois et sa conscience;

Que l'on est souvent distrait de ses juges naturels pour être jugé par un conseil d'état dont l'existence n'est pas reconnue par la Charte, qui empiète illégalement sur tous les pouvoirs constitués, se compose de conseillers amovibles, et rend ses sentences à huis clos;

Que l'institution du Jury n'est plus qu'une ombre fallacieuse;

Qu'un grand nombre de militaires ont été dépouillés de leurs grades et pensions, sans jugement préalable, et seulement pour ne pas professer une opinion conforme à celle des Ministres;

Que la dette publique, garantie et déclarée inviolable par la Charte, n'a pas même trouvé grâce devant les Ministres :

Et enfin, qu'il devient aujourd'hui complètement inutile de jurer d'observer fidèlement la Charte constitutionnelle, telle qu'elle nous fut donnée par son auguste auteur, puisque cette Charte n'existe plus qu'en lambeaux.

Telle est, Sire, la moindre partie des atteintes portées par les Ministres au pacte fondamental qui vous unit à votre peuple. Leur acharnement contre la Charte semble ne pas avoir de bornes; tous les jours ils sèment des craintes nouvelles dans la nation : qui sait jusqu'où peut les conduire leur coupable audace !

Si encore le sacrifice de tant de droits, accordés à la nation par la Charte constitutionnelle, avait été impérieusement commandé par des circonstances graves, si le salut de l'Etat en eût dépendu, les Ministres pourraient être excusables; mais, Sire, toute la France sait que les Ministres, se jouant des libertés publiques, les ont presque toujours immolées à des considérations d'amour-propre personnel !

Comme si ce n'était pas assez d'avoir détruit la Charte, les Ministres se sont rendus coupables d'un crime bien plus grand encore, d'un crime dont les annales des peuples n'offrent peut-être point d'exemple. Ils ont osé tenter de démoraliser la nation française, cette nation si loyale, si estimable! Oui, Sire, les Ministres n'ont pas été effrayés d'adopter et de suivre un système de corruption, dont les funestes effets tendent à l'avilissement des Français. Ils ont organisé dans toute la France une inquisition de la pensée, un espionnage tellement général, que les amis de l'enfance se fuient, et les enfans d'une même famille se méfient les uns des autres. Chaque Français croit voir dans un autre Français un traître prêt à le dénoncer. Tous ceux qui pouvaient être corrompus l'ont été par les agens ministériels.

Pour atteindre à leur but immoral, les Ministres n'ont pas craint d'imposer à toutes les familles la responsabilité des votes ou des opinions de chacun de leurs membres; d'employer les menaces auprès des

ns', les promesses auprès des autres; de
compenser la bassesse et la servilité, tan-
is qu'ils frappaient de destitution les plus
obles caractères, et qu'ils réduisaient la
ertu à la mendicité. Comme Walpole,
ont la mémoire est abhorrée en Angle-
erre, les Ministres ont essayé de dresser le
rif de toutes les consciences : et tous ces
ttentats sont restés impunis !

Telle est aujourd'hui, Sire, la véritable
ituation des choses. Si l'auguste auteur
e la Charte en eût été instruit, nul doute
qu'il n'eût arrêté le mal; mais il était si
isé de cacher la vérité à un Monarque que
on âge et ses infirmités contraignaient à ne
oir que des flatteurs !

Les Ministres diront sans doute à votre
Majesté que la marche qu'ils ont suivie a

fait prospérer l'état ; que tout est tranquille en France ; que l'agriculture, le commerce, les manufactures, les sciences, les arts, y font journellement de rapides progrès et rendent le royaume florissant.

Les Ministres se font illusion sur les causes de cette prospérité : il y a dans un pays comme la France une vigueur naturelle qui ne dépend pas des hommes placés au timon des affaires : la France prospère d'elle-même, et pour ainsi dire de son propre tempérament.

Les véritables causes de cette grande prospérité se trouvent dans la suppression des innombrables abus qui existaient avant la révolution, et que l'on semble vouloir ressusciter. S'il eût été possible que la France cessât de prospérer, les Ministres

auraient déjà obtenu ce résultat; mais per-
sonne ne peut empêcher que nos blés mû-
rissent, que nos vignes et nos oliviers pro-
duisent, et que notre industrie fasse des
pas de géant. Aucune circulaire ministé-
rielle ne peut arrêter le cours de la nature,
ni les progrès des lumières.

Ainsi, rien de ce qui est un bien ne peut
être attribué aux Ministres : il existait depuis long-temps, et la Charte l'avait con-
servé; mais tout ce qui est un mal, tout
ce qui peut devenir funeste à la France,
est leur ouvrage.

Ne croyez pas les Ministres, Sire, lorsqu'ils vous diront, dans de beaux rapports,
que ces routes, ces canaux, ces ports qui
vivifient la France, sont dûs à la restauration; toutes ces grandes entreprises datent

de cette époque que les Ministres ne cessent d'appeler les temps de troubles et d'anarchie.

Ne les croyez pas non plus, Sire, lorsqu'ils vous assureront que nous avons vécu vingt-cinq ans dans les troubles et l'anarchie. La révolution nous a fait passer, il est vrai, par l'anarchie et la terreur ; mais cette malheureuse époque fut de courte durée : nous portâmes bientôt la terreur chez nos ennemis, et dès ce moment l'anarchie disparut du sol français. La France était calme et imposante lorsqu'elle dicta la paix de Campo-Formio ; elle était admirable lorsqu'elle força l'Anglais à venir solliciter à Amiens une paix qu'il avait naguère dédaignée. La France était grande à Presbourg, majestueuse à Tilsitt. Nous nous battions souvent, Sire, mais toujours sur le territoire de nos agresseurs ; et tandis que le soldat français s'immortalisait à Austerlitz, à Friedland, à Wagram, à Jena et en cent autres lieux mémorables, des routes, des canaux et des ports nouveaux s'ouvraient partout comme par enchantement ; les arts florissaient, et nos manufactures atteignaient au plus haut degré d'activité et de perfection. Nous pouvions nous passer de toutes les nations voisines, et aucune d'elles ne pouvait s'empêcher de recourir à la France. Nous étions tous riches, car aucun Français ne restait oisif ; tous trouvaient dans le grand mouvement imprimé à la France, les moyens d'exister dans l'aisance. Jugez vous-même, Sire, de l'état prospère de la France, à cette époque que les Ministres qualifient si mal, par l'état dans lequel vous l'avez trouvée après deux années de malheurs et de revers inouïs : lorsque vous vîntes, Sire, la France dans l'adversité était encore riche et imposante, elle était belle encore dans les larmes.

Imposez silence, Sire, à ceux qui ne cessent de vous parler des *plaies de la révolution* ; ces gens-là ont sans doute un intérêt particulier à faire croire à Votre Majesté que le royaume est encore tout couvert de ces plaies. La France n'a cessé d'être saine et robuste dès l'instant où ses premières blessures furent cicatrisées. S'il existe un mal à guérir dans l'héritage de la Révolution, ce mal est tout entier dans les mauvaises lois de l'empire qui nous régissent encore, et que les Ministres ne se sont guère empressés de rapporter ou de modifier.

Enfin, Sire, lorsque des hommes qui veulent vous plaire aux dépens de la vérité, diront à Votre Majesté, *que ce fut la force de la légitimité qui précipita l'usurpation,* ne les croyez pas : ces hommes vous trompent. *L'opinion,* cette reine du monde, a pu seule enfanter ces sortes de prodiges.

Napoléon, ce colosse qui faisait trembler l'Europe entière, tomba dès l'instant où l'opinion cessa de le soutenir; tout son génie ne put suppléer à l'appui qu'il n'avait plus. Si l'opinion se fût rangée du côté des Bourbons au commencement de 1815, Bonaparte serait-il venu à Paris? et enfin, si cette même force qui l'avait accompagné dans cette capitale, ne l'eût pas abandonné après la publication de *l'Acte additionnel,* aurait-il été renversé par la Chambre des représentans qu'il avait créée?

Non, Sire, ce n'est pas dans des rapports

pompeux, dans des phrases redondantes, ni dans ces arrangemens de mots si habilement combinés que la vérité se trouve : elle a presque toujours pour organe des plumes moins éloquentes, qui, n'étant mues par aucun intérêt particulier, ni arrêtées par aucune crainte, ne la trahissent jamais. Fort de ma conscience et de mes intentions, j'ai dit à Votre Majesté ce que d'autres n'eussent pas osé écrire : je me résume.

Sire,

En donnant la Charte constitutionnelle à la France, votre auguste frère a ajouté de nouveaux titres à l'amour et à la vénération du peuple français ; Louis XVIII acquit, par cet acte de sa propre volonté, cette popularité que Henri IV était loin de dédaigner.

En montant sur le trône, Votre Majesté trouve les choses bien changées; mais on dirait que la Providence, qui permet quelquefois le mal, ait placé Votre Majesté dans la situation la plus heureuse pour reconquérir cette popularité que les Ministres ont voulu faire perdre au Roi qui n'est plus.

Louis XVIII, comme auteur de la Charte, s'est immortalisé: que Charles X devienne le RESTAURATEUR de cette Charte, et il acquerra une gloire non moins durable.

Que Votre Majesté daigne se placer à la tête de la nation; qu'elle s'entoure de ces générations laborieuses et instruites qui ont la force et l'ornement de la France; que le prince sur lequel les ennemis des lumières et des principes consacrés par la Charte avaient osé fonder des espérances ridicules autant que coupables, veuille s'appuyer sur la France nouvelle : que Charles X enfin soit le Roi des Français, et les Français feront de nouveaux miracles sous un règne qu'ils ne cesseront de bénir.

Alors s'éteindront pour toujours ces haines qui couvent sous la cendre, et que les ministres ont constamment attisées ; alors la grande nation se pressera tout entière autour de son Roi devenu son idole, et l'horrible discorde, fatiguée d'agiter vainement ses serpens parmi nous, fuira à jamais du beau sol de la France.

Puissé-je, Sire, voir réaliser les belles espérances que la France fonde sur un

Roi aussi éclairé que Votre Majesté. C'est
là, Sire, le vœu le plus ardent du plus
libéral et du plus soumis de vos sujets.

Léonard Gallois.